AF324475

CATALOGUE

D'UN CHOIX RARE

DE

MÉDAILLES ANTIQUES

GRECQUES ET ROMAINES,

EN OR, EN ARGENT ET EN BRONZE,

DE

DIVERS OBJETS D'ANTIQUITÉS

Grecques, Romaines et Égyptiennes,

DE

PLUSIEURS BONS TABLEAUX

et de Livres sur la Numismatique et l'Histoire naturelle,

LA VENTE DE CES DIVERS OBJETS AURA LIEU,

Par suite du décès de M. V***, touriste étranger,

LE LUNDI 26 NOVEMBRE 1849, ET LES DEUX JOURS SUIVANTS,
à une heure de relevée,

PLACE DE LA BOURSE, N° 2,
Salle du 1er, n° 2,

Par le ministère de Mᵉ **CORDIER**, Commissaire-Priseur,
rue Richer, n° 24.

EXPOSITION PUBLIQUE

Le Dimanche 25 Novembre 1849, de midi à quatre heures.

SE DISTRIBUE A PARIS,

Chez MM. CORDIER, Commissaire-Priseur, rue Richer, 24;
ROLLIN, Antiquaire, rue Vivienne, 12;
DEFER, Expert, quai Voltaire, 21.

1849.

ORDRE DE VACATION.

Le Lundi 26 Novembre, à une heure précise.

Médailles grecques en bronze,	Nᵒ 133 à 141
dᵒ consulaires en argent,	Nᵒ 159 à 161.
dᵒ impériales en argent,	Nᵒ 162 à 165.
Médailles diverses,	Nᵒ 173 à 182
Médailles grecques en or,	Nᵒ 1 à 31.
dᵒ dᵒ en argent,	Nᵒ 32 à 60.

Le Mardi 27 Novembre.

Médailles romaines en bronze,	Nᵒ 166 à 172.
Médailles grecques en argent,	Nᵒ 61 à 132 bis.
Impériales en or,	Nᵒ 142 à 158.

Le Mercredi 28 Novembre.

Les livres de Numismatique, le Mionnet, etc.	Nᵒ 246 à 259.
Les Antiquités grecques, romaines, égyptiennes,	Nᵒ 183 à 225.
Les Tableaux et dessins,	Nᵒ 226 à 245.

AU COMPTANT.

Cinq pour cent en sus des enchères.

CATALOGUE

DE

MÉDAILLES ANTIQUES.

MÉDAILLES GRECQUES ET ROMAINES EN OR, EN ARGENT ET EN BRONZE.

Grecques en or.

1. — Une Gauloise, tête entourée de bandelettes. ℞. Bige. Cheval à figure humaine.

2. — *Etrurie Cosæ.* — Aigle. ℞. Consul et Licteurs.

3. — *Tarente.* — Tête imberbe. ℞. Taras sur le Dauphin, module 3.

4. — *Panorme.* — Tête de Cérès. ℞. Cheval, module 5.

5. — La même médaille.

6. — La même.

7. — La même, module 3 et demi.

8. — La même, même module.

9. — *Syracuse.* — Tête de femme. ℞. Hercule étouffant le lion de Némée, module 3.

10. — *Syracuse.* — Tête d'Apollon. ℞. Bige, module 3.

11. — Tête d'Apollon. ℞. Trépied, module 3.

12. — La même, idem.

13. — La même, idem.

14. — Même type, même module.

15. — Le même.

16. — Le même.

17. — Le même.

18. — Le même.

19. — *Tauromenium.* — Tête d'Apollon et trépied, module 2.

20. — *Hieron II, roi de Sicile.* — Module 4.

21. — *Agathocles, roi de Sicile.* — Module 4.

22. — *Lysimaque, roi de Thrace.* — Module 5.

23. — *Philippe II, roi de Macédoine.* — Module 5.

24. — *Alexandre III, roi de Macedoine.* — Module 5.

25. — Le même, même module.

26. — *Philippe III, roi de Macédoine.* — Module 5.

27. — *Attique, Athènes.* — Tête de Pallas et chouette, stater, module 4 et demi.

28. — Incertaine de la Cilicie. Lion dévorant un cerf au-dessus, caractères. ℞. Archer tirant de l'arc, module 3.

29. — *Darique.* — Archer à genoux tirant de l'arc. ℞. Un carré creux informe.

30. — *Cyrène cyrenaïque.* — Un cavalier. ℞. Sylphium.

31. — Trois grands médaillons, dont : *Ptolomée* à quatre têtes, *Soter, Berenice, Philadelphe* et *Arsinoë. Arsinoë. Ptolomée VIII.* Radié (selon Mionnet).

Ces trois pièces belles et très-rares sont renfermées dans un étui en maroquin; elles pourront être vendues séparément.

Médailles Grecques en argent.

32. — *Emporiæ, Cadix, Marseille,* et quatre Gauloises, en tout sept pièces.

33. — *Populonia d'Etrurie.* — Médaille samnite avec des caractères osques.

34. — *Cumes.* — Une pièce. *Neapolis*, deux pièces.

35. — Incertaines de la Campagnie. *Deux pièces.*

36. — *Tarente.* — Une pièce. Héraclée, Hercule étouffant le lion de Némée.
Quatre pièces.

37. — *Metaponte.* — Epi en relief. Epi en creux. *Idem* avec la tête de Mars. *Idem* avec une tête de femme.
Trois pièces.

38. — *Posidonia.* — Type en relief et type en creux, et deux autres ordinaires, moyen module.

39. — *Sybaris.* — Type en relief et type en creux, et deux autres ordinaires, moyen module.

40. — *Thurium.* — Médaillon, idem module ordinaire, uu idem, module 2.
Trois pièces.

41. — *Velie.* — Module 5. Trois pièces avec la tête de lion, et tête casquée variée de coin.

42. — *Bruttium in genere.* — Bacchus se couronnant *Caulonia*, deux pièces, module ordinaire.

43. — *Crotone.* — Trépied en relief, trépied en creux, module 5. *Crotone*, tête de face. ℞. Bacchus couché sur une peau de panthère, module 5.

44. — *Rhegium.* — Médaillon. Tête d'Apollon. ℞. Tête de lion de face.

45. — *Terina.* — Une pièce, module ordinaire, et un petite.

46. — *Abacænum.* — Deux pièces. *Agrigente*, médaillon une pièce, et trois petites pièces.

47. — *Agrigente.* — Deux médaillons, une pièce, module ordinaire, et une petite pièce.

Quatre pièces.

48. — *Agrigente.* — Deux pièces, module ordinaire, et un petit module.

49. — *Agrigente.* — Trois pièces, module ordinaire, et un petit module.

50. — *Catane.* — Tête de Bacchus. Bige, médaillon. *Camarina*, deux pièces, module 1.

51. — *Gelas.* — Partie antérieure de bœuf à face humaine. ℞. Bige. Médailles du module ordinaire et module 1, deux pièces. En tout quatre pièces.

52. — Les quatre mêmes médailles que ci-dessus.

53. — *Gelas.* — Un médaillon, module ordinaire, et un petit module.

Trois pièces.

54. — Les trois mêmes.

55. — *Himera.* — Coq et ℞ coq, dans un carré creux, module ordinaire, et une petite aussi d'*Himera*, du module 1.

56. — *Leontini.* — Tête de lion. ℞. Tête d'Apollon, deux médaillons, plus deux du module 1.

57. — Un même lot.

Deux pièces.

58. — *Zancle.* — Dauphin. ℞. Carré creux, module 4.

59. — *Messana.* — Lièvre. ℞. Un bige, deux médaillons, et deux petits modules.

Quatre pièces.

60. — Le même lot, moins une médaille du petit module.

Trois pièces.

61. — *Messana.* — Un médaillon et un petit module. *Fistulis*, module 1.

62. — *Panorme.* — Tête de Cérès. ℞. Quadrige. *Panorme*, tête de Cérès. ℞. Buste de cheval. Deux médaillons avec des caractères phéniciens.

63. — *Panorme.* — Deux médaillons avec le buste de cheval et des caractères phéniciens, et deux autres petites pièces de *Panorme*.
   Quatre pièces.

64. — *Panorme.* — Tête d'Hercule et buste de cheval, médaillon; tête de Cérès et cheval près d'un palmier. *Idem*, module 4.

65. — *Panorme.* — Buste de cheval, médaillon, tête de Cérès et cheval debout, médaillon, et un autre du module 4.
   Trois pièces.

66. — *Segeste.* — Tête de femme, et ℞. chien debout, deux pièces, module 5. Deux *idem*, module 1.
   Quatre pièces.

67. — *Segeste.* — Tête de femme, cheveux retroussés par derrière; au ℞. un chien. Deux pièces du module 5.

68. — *Selinus.* — Feuille d'Ache, ℞. carré creux, module 5. *Selinus*. Belle médaille avec le Bige, et un petit module 1.
   Trois pièces.

69. — *Selinus.* — Trois pièces, les mêmes.

70. — *Syracuse.* — Un grand médaillon d'un très beau style.

71. — *Syracuse.* — Deux médaillons, un avec le Bige, l'autre avec Quadrige ; un petit module 3, ancien style. Deux petits modules, un avec le Polype.
Cinq pièces.

72. — *Syracuse.* — Trois médaillons, Bige et Quadrige, et un module ordinaire au type de Corinthe.
Quatre pièces.

73. — *Syracuse.* — Trois médaillons avec le Bige et diverses têtes, et un module ordinaire avec le foudre.
Quatre pièces.

74. — *Syracuse.* — Trois médaillons, Bige et Quadrige, et une pièce avec le type de Corinthe.
Quatre pièces.

75. — *Philistis, reine de Sicile.* — Médaillon. *Gelon, roi de Sicile,* module 5.
Deux pièces.

76. — Les deux mêmes médailles.

77. — *Dyonisius* et *Agathocles, rois de Sicile.* — Deux médaillons.

78. — *Philistis* et *Hieronyme.* — Deux pièces.

79. — *Abdera.* — Médaillon, et un autre du module 2.
Deux pièces.

80. — *Abdera.* — Une pièce, module 2, et *Maronea,* deux pièces du module 2.

81. — *Thasos.* — Satyre enlevant une femme, module 5, et une du module 3.
Deux pièces.

82. — *Lysimaque, roi de Thrace.* — Médaillon.
Une pièce.

83. — *Patreus, roi de Paéonie.* — Médaillon.
Une pièce.

84. — *Macédoine, première province.* — Un médaillon.
— *Neapolis,* module 2, et *Philippi,* module 1.
Trois pièces.

85. — *Philippe II.* — Médaillon. *Alexandre III,* module ordinaire.
Deux pièces.

86. — *Philippe II* et *Alexandre III.* — Deux médaillons.

87. — *Philippe III.* — Un médaillon, un module 2, et un *Persée,* médaillon, mais abîmé.
Trois pièces.

88. — *Persée.* — Médaillon bien conservé.

89. — *Thesalie in genere.* — *Larissa* et *Pharsale.*
Trois pièces.

90. — *Pharsale* et *Epire in genere.*
Deux pièces.

91. — *Pyrrhus, roi d'Épire.* — Tête d'Achille, Thétis sur l'Hippocambre.
Une pièce.

92. — *Corcyre.* — Jardin d'Alcinoüs. *Corcyre.* ℞. astre. *Idem, Acarnanie in genere.*
Trois pièces.

93. — *Leucas.* — Proue de vaisseau, module 6. *Locri,* module 3. *Opontii,* module 3.
Trois pièces.

94. — *Aetolie in genere.* — Médaillon.
Une pièce.

95. — *Phocide.* — Deux petites pièces. *Bœotie,* Neptune debout. *Thèbes,* une petite pièce, module 2.
Quatre pièces.

96. — *Thèbes, Diota.* — Médaillon, une pièce du module 2.

Deux pièces.

97. — *Athènes.* — Ancien style, deux médaillons et un module 3. *Athènes,* avec noms de magistrat, un médaillon.

Quatre pièces.

98. — *Athènes.* — Ancien style, un médaillon ; un autre avec monogramme. *Regine,* deux pièces ; en tout quatre pièces.

99. — *Achaie in genere.* — Une pièce. *Corinthe,* 3 pièces. *Sicyone,* une pièce.

100. — *Sicyone.* — Médaillon, une pièce. *Corinthe,* deux pièces.

101. — *Corinthe.* — Deux pièces. *Achaie in genere,* une pièce. *Patrae,* une pièce.

102. — *Lacædemone.* — Module 3. — *Messenie in genere.*

Deux pièces.

103. — *Elis.* — Médaillon, *Argos.* — Deux petits modules.

Trois pièces.

104. — *Epidaure.* — Monogramme dans une couronne, module 2, deux pièces. *Cleone,* type de Corinthe. *Træzène,* trident, module 2.

En tout quatre pièces.

105. — *Arcadie.* — Module 2. *Cnossus,* module 4.

Deux pièces.

106 — *Prœsus.* — Médaillon. *Phalaserna,* médaillon.

Deux pièces.

107. — *Chalcis.* — Au ℞ une lyre, médaillon. *Chalcis,* un module 3.

Deux pièces.

108. — *Eretria.* — Une pièce. *Chalcis.*

Trois pièces.

109. — *Cea.* — Module 1. *Melos,* module 3. *Coressia,* module 2.

Trois pièces.

110. — *Naxos.* — Médaillon avec le Diota.

111. — *Mytrhidate.* — Grand médaillon, au ℞ un cerf.

112. — *Sinope.* — Module ordinaire. *Lampsaque,* module 1.

Deux pièces.

113. — *Nicomède II.* — Médaillon.

114. — *Philetaire.* — Médaillon. *Abydos,* module 3.

Deux pièces.

115. — *Erésus.* — Une pièce. *Mitilène,* deux pièces du module 3.

116. — *Ephèse.* — Tête de Diane. *Cistophore.*

Deux pièces.

117. — *Milet.* — Module 3, une pièce. *Chios.*

Deux pièces.

118. — *Samos.* — Médaillon.

Une pièce.

119. — *Rhodes.* — Module 4.

Deux pièces.

120. — *Pixodare, Calymna.* — Deux pièces du module 4.

121. — *Side, Selge.* — Deux médaillons. *Pitagoras, roi de Chypre,* module 2.

Trois pièces.

122. — *Antiochus* I, *Antiochus* III, *rois de Syrie.* — Deux médaillons.

123. — *Seleucus* IV, *Antiochus* IV. — Deux médaillons.

124. — *Antiochus* VIII *et Cléopâtre.* — Un médaillon.

125. — *Tigranes.* — Un médaillon.

126. — Un cycle hébraïque.

127. — Une Darique, médaillon,

128. — Trois Arsacides et une Sassanide.
   Quatre pièces.

129. — *Eucratides, roi de la Bactriane.* — Grand médaillon.

130. — *Menandre, roi de la Bactriane, Aradus.* — Deux pièces du module 3.

131. — *Plolomée* Ier, *roi d'Egypte.* — Médaillon.

132. — *Cyrenaique.* — Un médaillon, et un autre de *Claude* frappé en Asie.

132 bis. — *Agrigente, Himera, Syracuse, Naxos, Delphi,* etc.
   Neuf pièces en argent.

Médailles Grecques en bronze.

133. — *Emporiæ, Gades, Ancone, Populonia, Hadria, Tuder, Brundusium, Neapolis, Metaponte.*
   Vingt-cinq pièces.

134. — *Rhegium, Agrigente, Camarina, Catane, Centuripae, Gelas.*
   Vingt-cinq pièces.

135. — *Mamertini, Menaenum, Panorme, Selinus.*
   Vingt-cinq pièces.

136. — *Syracuse, Tauromenium, Tyndaris, Hieron* Ier,
Hieron II, *Hieronyme, Agathocles, Phintias,* etc.
Vingt-cinq pièces.

137. — *Cossura, Gaulos, Bisanze, Pella, Philippi et
Philippe* III, etc.
Vingt-quatre pièces.

138. — *Locri, Eleusis, Megare, Lacœdemone, Pyrrhus,
Delos, Melos, Naxos, Syros,* etc.
Seize pièces.

139. — *Aegée, Smyrne, Chios, Sardes, Antioche, Sidon,
Siméon,* roi de Jérusalem, *Menandre,* et un *Judo Bac-
triane.*
Dix pièces.

140. — *Ptolémée,* dont quatre très-gros.
Huit pièces.

141. — Vingt sesterces en or, une pièce. *Plotine* en argent,
une pièce. Selge en argent, une pièce. Deux autres
pièces en argent, quatre en bronze, un médaillon d'An-
tinoüs, en tout dix pièces fausses.

MÉDAILLES ROMAINES.

Impériales en or.

142. — *Jules César.* — Famille Hirtia.
Une pièce.

143. — *Auguste.* — ₽. Bœuf cornupète.
Une pièce.

144. — *Tibère.* — ₽. Figure assise.
Une pièce.

145. — *Néron.* — ₽. Hygiée assise.
Une pièce.

146. — *Caligula.* — ℞. *Germanicus.*
Une pièce.

147. — *Claude.* — ℞. Dans une couronne S. P. Q. R.
ob cives servatos.
Une pièce.

148. — *Galba.* — ℞. Figure sacrifiant *Salus generis humani.*
Une pièce.

149. — *Vitellius.* — ℞. La Liberté debout.
Une pièce.

150. — *Vespasien.* — ℞. Temple de Vesta.
Une pièce.

151. — *Titus.* — ℞. Une pièce. Trajan.
Une pièce.

152. — *Domitien,* ℞. Minerve debout.
Une pièce.

153. — *Trajan.* — ℞. Phenix.
Une pièce.

154. — *Aelius.* — ℞. La Concorde assise.
Une pièce.

155. — *Adrien* et *Antonin.*
Deux pièces.

156. — *Faustine* mère et *Marc-Aurèle.*
Deux pièces.

157. — *Constantin I*er. — ℞. Victoire assise tenant un bouclier, soutenu par un amour.

158. — Quinaire *d'Anastase.*
Une pièce.

Consulaires en argent.

159. — *Æmilia, Antonia Calpurnia* et *Carisia*, etc. onze pièces en argent.

160. — *Cassia, Claudia, Fabia, Flaminia, Fonteia, Julia, Junia Licinia*, dix pièces en argent.

160 bis. — *Lucretia, Mamilia, Marcia, Claudia, Pompeia,* et *Pomponia*, onze pièces en argent.

161. — *Porcia, Pomponia, Rutilia, Scribonia, Sempronia*, etc., douze pièces en argent.

Impériales en argent.

162. — *Juba* père et *Pompée*,
Deux pièces.

163. — *Pompée* et *Lucius Antonius.*
Deux pièces.

164. — *Les Césars.* — Suite de douze pièces, dans un étui.

165. — *Trajan, Adrien, Philippe père* et *Dioclétien.*
Quatre pièces.

166. — CONSULAIRES. — *Cassia, Marcia, Pompeia, Sempronia, Terentia*, six pièces en bronze.

MÉDAILLES ROMAINES EN BRONZE.

167. — Un *as* et un semis *Ponderaux.* Deux pièces en bronze.

168. — Quatorze pièces Byzantines en bronze, dont *Anastase, Alexis, Manuel* et *Jean Comnène* et une pièce *Roger roi de Sicile*, d'un côté l'empereur à cheval et la Vierge tenant l'enfant Jésus de l'autre.

169. — HAUT-EMPIRE. — *J. César, Agrippine, Néron, Adrien, Crispine, Caracalla, Philippe père* et *Philippe fils.* Vingt-cinq pièces, grands bronzes.

170. — HAUT-EMPIRE. —*Auguste, Livie, Caligula, Germanicus, Drusus, Néron, Trajan, Adrien, Caracalla, Severe Alexandre* et *Mamée, etc.* Cinquante-deux pièces, moyens bronzes.

171. — BAS-EMPIRE. — *Claude Gothique. Maximilien Hercule, Diocletien, Constantin* et *Gratien, etc.* Vingt-cinq pièces, petits bronzes.

172. — BAS-EMPIRE.— *Diocletien, Maxence, Constance Galle* et *Maximilien d'Aza, etc.* Vingt-deux pièces, moyens bronzes.

MÉDAILLES ET MONNAIES DIVERSES.

173. — Un ducat de Venise, du doge *Louis Venerio.*

174. — Un petit monetaire Mérovingien, à tête de face, présumé *Châlons-sur-Saône.*

175. — Un écu d'or de *Philippe de Valois.*

176. — *Charles le Chauve* de Chartres, une pièce. — Deux testons de *François I*ᵉʳ. — Un quart d'écu *de Charles X, cardinal de Bourbon.* — Demi écu au huit L de *Louis XIV.*— Une pièce de siége de Tournay, sous M. de Surville. —Un *Manuel de Villena*, grand maître de Malte. — Un Edouard le confesseur, un blanc d'*Henri VI*, et deux pièces *Henri VII* et *Henri VIII* d'Angleterre ; en tout quatorze pièces en argent.

177. — Une pièce des Indes. — ℞. Un éléphant, et deux pièces Arabes. Trois pièces en or.

178. — Quatre pièces arabes dont un *Roger de Sicile.*
— Trois pièces Indiennes de Java, six pièces du siége de Tournay, et une pièce de Naples sous le duc de Guise ; en tout onze pièces en bronze.

179. — *Louis XV.* — 4 grandes médailles en 1697, 1764, 1767, 1773.

180. — *Louis XVI*, 1792. — *Bailly*, 1789, et Maurice de Saxe, cliché.

181. — La constitution de la République cisalpine, sous Napoléon, Lyon, l'an x. Grande médaille en argent.

182. — Les Sœurs de Napoléon, empereur : Élisa, Pauline, Hortense, Caroline, le prince Eugène et Amélie de Bavière, six médailles et clichés. L'érection de la Colonne de Juillet, une pièce, et la translation des cendres de Napoléon en 1840, une pièce.

OBJETS DIVERS D'ANTIQUITÉS GRECQUES, ROMAINES ET ÉGYPTIENNES.

Bijoux en or.

183. — Un fibule en or, une boucle d'oreille représentant un petit génie, et deux boucles d'oreilles fragmentées, à tête de lion.

184. — Un collier étrusque, composé de boules en or et perles bleues en pâte.

Antiquités Égyptiennes

185. — Un cylindre persépolitain en agate blanche avec sujet gravé, et un cylindre en ématite avec sujet et trois lignes d'inscriptions.

186. — Différents petits objets égyptiens en lapis, pierres diverses, etc., plus, un petit vase antique, de fabrique chinoise.

187. — La tête en bois d'un Canope, cinq Scarabées et un fragment de boîte en bois, tous ces objets égyptiens.

188. — Un Canope en albâtre avec trois lignes d'inscription.

189. — Un idem sans têtes et sans inscription,

190. — Un petit vase en albâtre, très fin, un gobelet en terre avec son couvercle.

191. — Deux Stelles en pierre avec inscription.

192. — Une Stelle en bois, un morceau de Sarcophage une tête bien conservée s'y trouve peinte, et des fragments.

193. — Une paire de Sandales, un peigne en bois, plusieurs manuscrits égyptiens, un fœtus d'*ichneumon* trouvé dans la caisse d'une momie.

194. — Un papyrus égyptien et un manuscrit arabe, dans deux étuis.

195. — Une palette de peintre, en bois, avec ses pinceaux, et divers objets en terre émaillée bleue.

196. — Le bœuf Apis, en bois, un oiseau, un scarabé très-informe, en bois, et quatre petites figures égyptiennes, aussi en bois.

197. — Un coussinet de momie, en bois, avec inscription, et diverses momies en bronze et en terre.

Antiquités Grecques et Romaines.

198. — Un vase grec en terre, de la plus haute antiquité, avec deux animaux fantastiqnes. Hauteur, 15 centim.

199. — Une sonnette, un doigtier pour tirer de l'arc, et un Phalus, trois articles en bronze.

200. — Un Strigile, un Phalus, un bracelet, deux cuillers, une fourchette et un stylet, sept articles en bronze.

201. — Une patère en bronze, deux personnages gravés, d'un assez beau travail.

202. — Deux miroirs très bien conservés.

203. — Un joli candélabre en bronze, très orné et cannelé. Hauteur, 44 centim.

204. — Une boîte à parfum, un Hercule et une Fibule, trois pièces en bronze.

205. — Un petit vase et quatre lampes en terre cuite, ornés de petits sujets.

206. — Une lampe en bronze, à deux becs, et un fragment barbare antique en basalte.

207. — Un poids romain en bronze, une inscription de potier, une olive de fronde. Trois pièces.

208. — Une mosaïque représentant une tête de Méduse.

209. — Un joli vase grec noir, à figure rouge, représentant Jupiter. Il a 33 centim. de hauteur.

210. — Un autre joli vase, figure noire sur fond rouge. Combat d'un cavalier contre deux hommes à pied, au revers, trois femmes. Vingt-sept centim. de hauteur.

211. — Une coupe avec une inscription grecque et huit figures. Dans l'intérieur une femme assise, une debout et une inscription. 25 centimètres de diamètre.

212. — Une petite coupe à une anse, trois satyres et Bacchus. Hauteur de la coupe sans l'anse, 8 centimètres.

212 bis. — Un vase en verre bleu peinture jaune, verte et blanche.

213 — Un vase blanc d'Athènes.

213 bis. — Une urne en verre sans anse et à côte, pièce assez rare. Hauteur 13 centimètres. Une autre urne sans ornement. 11 centimètres. Un autre en verre, rare à cause de sa petite taille. 10 centimètres.

215. — Tombeau antique en marbre, sur les côtés des chimères, sur la face un cartouche avec inscription, tenu par deux enfants ailés, et couvercle orné de sculptures.

216. — Guerrier antique, statue en marbre ; elle est brisée. Hauteur 70 centimètres.

216 bis. — Une statuette en bronze de Mercure.

217. — Une tabatière, genre étrusque, et une imitation d'obélisque.

218. — Deux figures de sauvage, en fer.

Antiquités Indiennes et autres.

219. — Une hache mexicaine, en pierre.

220. — Un groupe de Dieux sur un bœuf couché, bronze indien.

221. — Figure indienne assise, les mains jointes.

222. — Un dieu indien avec quatre figures, bronze.

223. — Modèle en liège du temple de Pæstum, sous cylindre.

224. — Serre-papier en albâtre avec une peinture, vue de Sainte-Marie Majeure ; mosaïque en marbre, une petite fille avec des chats, albâtre.

225. — Sous ce numéro, les articles omis et des boîte renfermant diverses espèces de coquille, des minéraux, divers objets d'histoire naturelle qui seront vendus par lots.

TABLEAUX ET DESSINS.

226. — VERNET (Joseph). Marine vue au soleil couchant, au premier plan, diverses figures dont des pêcheurs qui retirent leurs filets Bon et grand tableau signé *J. Vernet*, 1770.

227. — DU MÊME. La Tempête, composition connue par la gravure de *Balechou*.

228. — BOURGUIGNON (Jacques Courtois, dit le). — Une bataille de cavalerie.

229. — RIBERA dit l'ESPAGNOLET (Joseph). Diogène, il est vu à mi-corps, feuilletant un livre, près de lui sa lanterne.

230. — GUIDE (École du). Sainte-Agathe, martyre.

231. — POELEMBOURG (Corneille). Riche paysage montagneux d'une exécution soignée et d'une couleur doré ; au premier et second plans diverses figures semblent indiquer une épisode de Diane et ses nymphes. Bon tableau sur toile.

232. — TENIERS (David). Le médecin consulté. Il est assis près d'une table dans son laboratoire, et regarde le contenu d'une bouteille qu'une vieille femme vient de lui remettre. Dans le fond une femme prépare des médicaments. Ce bon tableau est riche de détail et finement exécuté. Au bas, à droite, il est signé *David Teniers*.

233. — GARIBBQ, 1842. Vue des environs de Naples.

234. — CUYP (manière de). Une marine. Au premier plan un vaisseau de guerre voile déployée. Bon tableau.

234 bis. — CUYP (signé). Des chasseurs dans une forêt.

235. — Vue à Canton, frontière de la Chine. Deux tableaux peints d'après nature.

236. — Un concert d'après *Dominiquin*.
— Diseuse de bonne aventure, manière de *Manfredi*.

237. — ADAM (M. Victor). Charge de chasseurs à cheval.

238. — *Ecole de Nestcher*. La conversation entre quatre personnages assis autour d'une table. Tableau sur bois.

239. — Paysanne italienne. Aquarelle par Mme *Haudebourg née Lescot*.

240. — Intérieur d'un jardin d'une villa d'Italie, aquarelle par M. Cicéri.

241. — VAN DRIELT. Le coup de vent, beau dessin lavé au bistre.

242. — Deux dessins chinois, costumes de femmes.

243. — Fuite en Egypte, dessin à la plume, par *Moitte*.

244. — Un petit paysage, soleil couchant.
— Un petit paysage fixé.

245. — Deux gouaches, paysages.

LIVRES D'ANTIQUITÉS, DE NUMISMATIQUE, D'HISTOIRE NATURELLE ET GRAVURES.

246. — MIONNET. Description de médailles antiques grecques et romaines avec leur degré de rareté et leur estimation. Paris, 1806 à 1813, 6 vol. Supplément. Paris,

1819 à 1837, 9 vol. De la rareté et du prix des médailles, Paris, 1827, 2 vol. Du poids des médailles, Paris, 1830, 1 vol., en tout 18 vol. in 8° cart. à la Bradel, bel exemplaire.

247. — Musée Kircheriano, *Rome*, 1839, 1 vol. in-4. de texte et atlas in-fol.

248. — Tasse étrusque peinte, du musée de Berlin. *Rome*, 1842, in-fol., fig. col., broché.

249. — Divers livres italiens sur la numismatique, les antiquités, le catalogue de la galerie Piti, du musée Chiaramonti, etc.

250. — Les ruines de Palmyre, par Delagardette. 1 vol. in-fol.

251. — Comptes-rendus des séances de l'Académie des Sciences, par les secrétairess perpétuels. *Paris, Bachelier*, 1841 à 1843, in-4.

252. — Dictionnaire de l'Académie. *Paris, Didot*, 1835, 2 vol. in-4.

253. — La revue d'Edimbourg, 1840 à 1842.

254. — Illustration du Jardin-des-Plantes. *Paris, Curmer*, 1842, 2 vol., fig. in-8 brochés.

255. — Iconographie des Camélias. *Paris, Cousin*, 36 livraisons in-fol., fig. col.

256. — Annales de la Société d'Horticulture. *Paris*, 1840 à 1842.

257. — Vues de Naples, éruption du Vésuve et costumes napolitains, diverses gouaches napolitaines.

258. — Diverses vues et plan de Rome, de Pise et d'autres lieux d'Italie.

259. — Cinq volumes et portefeuilles contenant diverses vues et études à la plume et à l'aquarelle, par Lempereur, diverses estampes pour l'ornement, la décoration, etc. Cet article sera divisé.

Paris, imp. Maulde et Renou.

9 782329 299297